AU CREUSET...

LA FRANCE

AU CREUSET...
LA FRANCE

PAR

JACQUES GAUTILLOT

Précédé d'une lettre-préface

DE

M. HENRI MARTIN

PRIX 50 CENTIMES

PARIS

LACHAUD ET BURDIN LIBRAIRES ÉDITEURS

4, Place du Théâtre Français, 4.

Saint-Quentin, le 17 août 1873.

Monsieur,

J'ai lu avec beaucoup d'intérêt votre consciencieuse étude. Elle atteste une sincère et profonde préoccupation de la vraie question morale de notre temps.

Le sentiment religieux peut-il et doit-il disparaître ?

Non ! car il sort du fond même de la nature humaine et la nature ne change pas. Il répond à des besoins moraux que lui seul peut satisfaire, et rien ne saurait le remplacer.

Peut-il et doit-il retourner à des formes, à des conceptions passées ?

Cela serait contraire aux lois progressives de l'histoire, et, d'ailleurs, ce n'est même pas d'un retour à notre passé qu'il s'agit ; ce qu'on nous présente comme le salut ce sont des *nouveautés* rétrogrades que notre passé national repousse aussi bien que notre avenir.

Le sentiment religieux doit marcher en avant dans toute sa liberté, en s'appuyant à la fois sur la science moderne et sur la tradition religieuse universelle, librement et savamment interprétée ; sur la connaissance de la nature et sur celle de l'histoire.

C'est ce dont vous avez conscience.

En exprimant avec franchise et clarté ce que vous sentez, ce que vous voyez, en entrant courageusement dans cette voie, vous mériterez bien de vos concitoyens.

Veuillez croire à toute ma sympathie pour vos efforts.

Henri **MARTIN**.

AU CREUSET... LA FRANCE

❦

I

Lorsqu'on considère l'immense difficulté qu'il y a de fonder en France l'ordre et la liberté ; lorsque la contemplation de cette instabilité qui semble devenue notre état normal, ramène la pensée vers nos récents malheurs, on est conduit à constater que la cause première, la cause génératrice de toutes ces choses, c'est l'affaiblissement toujours croissant du sentiment religieux.

Cette constatation n'est pas nouvelle, aussi les derniers écroulements qui ont failli nous ensevelir, ne sont qu'un incident dans la série de catastrophes dont la société Française est menacée si l'on ne trouve les moyens de conjurer le péril.

Reconnaissons tout d'abord que cette absence de foi a elle-même sa raison d'être, qu'elle est la conséquence naturelle, logique, de la loi qui régit le développement des sociétés humaines.

Ce n'est pas impunément qu'une société découvre et applique l'imprimerie, l'électricité, la vapeur et arrache chaque jour de nouveaux secrets à la création.

Comment peut-on espérer voir se perpétuer indéfiniment la foi en des affirmations religieuses contraires à la raison humaine, dans une nation aussi avide de lumière, habituée depuis déjà longtemps à l'esprit d'examen, à l'investigation scientifique, à la critique philosophique ; dans un temps où le fait et la légende, la matière et l'idée sont étudiés, contrôlés, analysés avec une patience, une méthode, une ardeur inconnues jusqu'ici ; dans un pays où les bibliothèques abondent, où le journal qui pénètre dans le plus petit village, sous le plus humble toît, raconte dans ses colonnes l'acquittement d'un pasteur protestant convaincu d'avoir nié la présence réelle, rend compte des séances de l'académie des sciences dans lesquelles on parle de générations spontanées, de découvertes astronomiques, géologiques ou fossiles qui bouleversent la Genèse ; dans un pays où le journal reproduit les discours des grands corps politiques qui agitent de loin en loin la divinité du Christ, débattent l'existence de l'âme et l'origine des espèces ?

Comment ces espérances ne se désillusionnent-elles pas, quand cet épanouissement de la matière — la locomotive — donne une prodigieuse impulsion aux progrès industriels, fait circuler la pensée en même temps que le colis, dissipe les préjugés, les traditions superstitieuses, unifie les mœurs, les coutumes, frotte tous les cerveaux aux idées générales et fait disparaître peu à peu les dialectes où se momifiaient les générations ?

C'est tout cela et tout ce qui en dérive qu'il faudrait supprimer pour restituer au catholicisme le terrain sur lequel il peut porter fruits et rendre service. Les conditions qui lui sont nécessaires pour être efficace sont tellement modifiées, que son influence s'amoindrissant de jour en jour devient hors de toute proportion avec la place qu'il occupe : il ne vit plus que de la force acquise, que du prestige de son passé. Son insuffisance éclate, malgré la pompe de ses cérémonies, malgré la promulgation de nouveaux dogmes : elle éclate, malgré l'appui des gouvernements ; malgré le pélerinage, l'appel au miracle ; malgré l'expédient.

Pourrait-il se moderniser ? Pourrait-il détendre la raideur de ses affirmations, les mettre en harmonie avec les exigences de l'époque et reconquérir son pouvoir d'autrefois ?

Non. Un édifice aussi imposant, dont les savantes dispositions s'enchaînent si étroitement, ne se peut modifier. Une pierre enlevée, tout s'écroulerait.

D'ailleurs, il faut des temps de foi, pour faire un schisme.

En attendant, les masses n'ont plus, ne peuvent plus avoir la foi du passé, mais elles sont loin de pouvoir supporter les oscillations et le poids de la libre pensée qui jusqu'à présent, du moins, ne s'affirme généralement que par des négations — et comme elles sont fort peu éclectiques, elles ne croient plus à rien.

Cette belle morale de l'Évangile si vraiment humaine ; cette discipline du corps et de la pensée, si nécessaire pour être heureux ; ces belles, ces consolantes, ces hautes aspirations communes à toutes les religions ; tout cela est abandonné, méconnu, repoussé !

Il ne reste rien... rien !.

Tout le monde se dit libre penseur.

Libres penseurs !... tant d'hommes dont la pensée vit dans l'esclavage de toutes les erreurs flottantes !

Jamais une société ne court de plus grands périls que dans cette situation.

Nous ne sommes encore que sceptiques et l'on voit déjà les résultats ; que serait-ce si le matérialisme devenait dogmatique ?

Ce serait le commencement de la fin.

Jouir de toutes les manières, à tout prix, deviendrait désormais notre seule inquiétude. Il n'y aurait plus qu'un culte : le sensualisme. On n'obtiendrait bientôt que des apparences d'ordre en supprimant toutes les libertés. La dictature serait la seule forme de gouvernement possible. On ne sortirait des convulsions anarchiques qu'en subissant d'affreux despotismes. Puis, devenant un péril pour les nations voisines, s'affaissant dans sa décomposition, incapable d'ailleurs de produire une armée sérieuse, le pays, bientôt la proie de n'importe quel conquérant, envahi, démembré, serait définitivement rayé des états Européens.

II

Il faut prendre les choses par la base.

Nous proposons de faire surgir des sciences naturelles en général et de l'astronomie en particulier, sinon des croyances précises, dogmatiques, du moins un large sentiment religieux, irrésistible, ineffaçable ; par le moyen d'un enseignement approprié à l'école primaire rendue obligatoire.

Hâtons-nous de dire qu'il ne s'agit pas de faire des savants : cet enseignement ne doit s'appliquer qu'aux enfants de 11 à 12 ans — plus âgés encore si cela se peut — et leur demandera simplement une heure ou deux, chaque jour, pendant une année.

Un mot sur la direction à donner à ces études.

On a beaucoup fait pour l'hygiène matérielle des écoles : nous croyons qu'il reste beaucoup à faire pour celle de l'enseignement. Ayons des méthodes attrayantes ; supprimons le livre le plus possible, comme Rousseau le conseille, et que tout ce qui peut se faire au grand air, dans le jardin, s'y accomplisse, quand le temps le permet. Multiplions les temps d'arrêt où l'enfant puisse se dédommager de l'immobilité contre nature qu'il nous faut lui demander.

Rien de ce qui peut diminuer le supplice de l'étude ne doit être négligé. Qui ne se souvient des rages comprimées qu'il éprouvait à dix ans, quand, assis pendant deux heures, il refoulait son exubérance de sève ? On apprend mal dans ces conditions ; on se bourre de géographie, de règles de grammaire, mais rien n'est digéré ; on s'étiole, on s'atrophie.

Voyons ! il existe pour le premier âge, des boules, des palets ou dominos, dont chacun représente soit un chiffre, soit une des lettres de l'alphabet, avec lesquels on peut facilement imaginer des jeux qui apprennent la numération et la lecture aux enfants, en les amusant. Est-ce appliqué ? En a-t-on essayé l'application ?

C'est la démonstration matérielle, animée, qu'il faut à l'enfant. Il est tout curiosité, mais il faut que ses yeux voient, que ses oreilles entendent, que ses mains touchent. Lisez-lui un rapide voyage autour du monde, intéressant et agréablement écrit : faites-lui suivre le voyageur dans toutes ses étapes, au moyen d'une carte, ou mieux, d'une sphère en relief, et vous le verrez savoir vraiment et retenir plus de géographie en quinze jours que s'il l'avait apprise sèchement par cœur pendant deux ans. On peut également donner aux opérations de certains problèmes arithmétiques une forme matérielle qui en facilite la compréhension, etc, etc.

Bornons là ces réflexions qui suffisent à indiquer les tendances pédagogiques, dont nous provoquons l'application, pour initier les jeunes générations à ce que les sciences naturelles offrent de curieux, de saisissant, de merveilleux.

Il s'agit d'abord d'impressionner l'imagination si vive de l'adolescent, des splendides révélations puisées dans l'étude de la nature. Il faut l'émouvoir, l'éblouir et l'imprégner de l'universalité des choses, en le faisant circuler autour de la création comme s'il était un géant.

Il faut alimenter, surexciter sa curiosité native en lui dévoilant les surprenantes réalités palpables, afin que, toujours éveillée, jamais satisfaite, on la trouve préparée, en haleine, le jour où l'on voudra la saisir de l'**Inconnu**.

En histoire naturelle, par exemple, on appellera spécialement son attention sur les métamorphoses des insectes, sur les espèces végétales et animales qui forment la transition entre les deux règnes. Il connaîtra l'histoire des espèces les plus intelligentes, les plus curieuses par leurs mœurs : les abeilles, les fourmis, les castors, etc. On lui fera remarquer les rapports, les similitudes qui existent entre l'homme et les animaux, et leur assignent la même origine. Plus nous partirons de bas, et plus nous aurons d'élan, tout à l'heure, pour gravir les hauteurs spiritualistes.

Habituons-le à voir dans chaque créature animée son « frère inférieur » (suivant la belle expression de Michelet) ; à reconnaître dans l'intelligence de la brute, embryon, le rudiment de la pensée humaine.

Montrons-lui, dans la flore et dans la faune, la création procédant du simple au composé, ébauchant de nouveaux types ou modifiant les espèces suivant l'âge et l'état de notre planète et marquant d'un progrès, d'un accroissement de facultés, chaque nouvel enfantement, produire finalement l'homme, fleur de vie supérieure, résumé, couronnement et dernier terme de l'échelle de l'animalité sur la terre.

Ayons dans chaque école un petit cabinet de physique, si simple soit-il, car il nous faut lui faire connaître les intéressantes applications basées sur les propriétés des corps.

L'homme emmagasinant les forces éparpillées et les assujettissant à ses besoins est un grand spectacle. Aussi, sans connaître ces choses à fond, notre élève devra-t-il comprendre et se rendre compte de la locomotive, de l'hélice, de l'aérostat, du paratonnerre, du télégraphe électrique, etc., etc.

L'explication des phénomènes météorologiques ne sera pas négligée ; on peut compter sur son attention si l'on sait s'y prendre.

On pourrait aussi, à propos d'hygiène, lui faire un peu de physiologie, lui expliquer par exemple, les phénomènes de la digestion et de la régénération du sang par la respiration.

Il faut encore, — on en verra la conséquence plus loin, — qu'on ait exécuté devant lui, trois ou quatre expériences choisies de chimie pour le familiariser avec les étonnantes transformations de la matière et qu'à l'aide du rapporteur et du niveau d'eau, on lui ait fait faire en plaine, quelques opérations trigonométriques : juste ce qu'il faut pour que, par analogie, il puisse s'expliquer la possibilité de mesurer approximativement les distances sidérales.

Nous abrégeons ; on voit ce que pourrait être ce programme.

Il nous reste maintenant à expliquer comment nous entendons l'étude de l'astronomie sur laquelle nous fondons les plus grandes espérances pour forcer l'éclosion de l'aspiration religieuse.

—

Déjà, dans des entretiens préalables, les enfants ont été sommairement initiés à la théorie de notre système solaire. On leur a dit ce qu'on sait de notre planète, de ses révolutions, de son refroidissement; ils connaissent son diamètre, sa circonférence, ses mouvements.

C'est alors que, par une belle journée, l'instituteur les emmène à la campagne en emportant des boules de différents diamètres représentant notre système solaire et conservant entre-elles leurs différences proportionnelles. Il les fait placer à leurs distances respectives par ses élèves auxquels il fait mesurer le terrain. Quand leurs yeux se sont bien familiarisés avec ce spectacle, il les entraîne à la place que doit occuper une des plus proches étoiles et leur faisant comparer l'écart du soleil à la terre, à l'énorme distance qui sépare celle-ci d'une étoile, il leur apprend que cet éloignement est tel que tous les savants s'accordent à croire que les étoiles sont autant de soleils de différents diamètres ayant probablement (1) comme le nôtre des planètes gravitant autour d'eux.

Il leur fait remarquer qu'un observateur placé dans une étoile verrait notre soleil comme nous voyons une étoile et que s'il avait des instruments plus puissants que les nôtres, et qu'il pût voir la terre, elle lui apparaîtrait comme un petit point tout près d'une étoile.

Puis, supprimant la voûte sous laquelle l'humanité s'est

---

1. Déjà, à l'aide d'instruments perfectionnés, on a pu constater l'existence de satellites autour de quelques étoiles.

En vain voudrait-on me consoler, en me faisant observer que nul ne peut fixer de limite au développement de l'humanité; que peut-être ses facultés s'accroîtront assez dans les siècles futurs pour qu'elle puisse acquérir toutes les certitudes, connaître toutes les vérités. Eussé-je cette conviction, que je n'en serais individuellement pas plus avancé le jour où mes yeux se fermeront à la lumière. Je n'en mourrais pas moins dans les imprécations de la désespérance.

Et puis, cette conviction, je ne l'ai pas du tout,

Mais je vois l'harmonie, la logique régner dans l'univers, depuis l'infiniment grand jusqu'à l'infiniment petit; je vois tout être animé, organisé pour atteindre un but défini, déterminé; je les vois tous agir sous l'impulsion de désirs instinctifs pour l'accomplissement desquels, ils sont pourvus de facultés appropriées.

L'homme seul! l'homme! la plus haute expression de vie sur la terre, serait doué d'aspirations irréalisables, de désirs sans objet, sans fondement? Mais alors, monstruosité unique et misérable, il aurait le droit, lui chétif, de se dresser menaçant devant l'infini, de demander des comptes à la création, et il aurait la raison, la justice, l'ordre, l'univers avec lui.

Il ne trouverait sur la terre ni de quoi boire, ni de quoi manger, lui qui est physiquement organisé pour avoir faim et soif, que cette inconséquence ne serait pas plus extraordinaire, pas plus dérisoire.

L'impiété, l'extravagance, l'absurdité de cette douleureuse situation m'éclairent.

La contemplation et la réflexion révèlent des lois de rapports dont la logique ne se dément pas.

S'il y avait d'aussi gigantesques anomalies dans l'ordre moral, il y en aurait forcément d'autres dans l'ordre physique : on verrait de temps en temps des astres s'entrechoquer et se réduire en poussière ; il y aurait des fragments d'univers se précipitant follement dans l'espace en brisant les soleils et leurs satellites.

On verrait le chaos.

Je suis fixé, ma conviction est faite.

Je ne puis pas mourir avant de savoir.

Qu'on ne me dise pas que c'est mon orgueil ou l'attachement à ma guenille qui me conduit là.

Est-ce l'orgueil, est-ce l'amour de la vie qui créent les redoutables questions que l'homme ne peut résoudre ?

Non ! elles existent ; elles sont une réalité.

Or, tout problème a une solution. Eh ! qui la trouvera si ce n'est ceux auxquels il s'impose ?

Donc, je connaîtrai un jour non-seulement telle ou telle vérité relative, mais toutes les vérités dont j'ai soif ; la vérité absolue !

Ce n'est qu'une question de temps. Je suis actuellement à l'état de larve ; je ne suis pas fini.

Je me transformerai après la mort et franchirai un degré dans l'échelle des existences supérieures, en conservant le souvenir de mon passé, car, sans souvenir, pas de terme de comparaison, pas de progrès.

Je constate que je ne me souviens pas avoir préexisté. L'espèce humaine serait donc à son début dans la vie universelle, — à son début, du moins, dans un état conscient comportant le souvenir.— Ensuite on n'a jamais vu un homme mort revêtir une autre forme et venir voir ses amis. Donc, ces transformations ne s'opèrent point sur notre globe. Enfin, comme on n'a jamais rencontré un être venu d'autre part nous raconter son passé, il faut en conclure que par son petit volume, la terre ne possède pas assez de puissance attractive pour y attirer des existences sidérales supérieures en voie de transformation.

Puisque la vie est partout ; puisque les corps célestes sont groupés par d'étroites relations de force, d'attraction, qui fixent et maintiennent leurs distances, pourquoi n'y aurait-il pas circulation, échange de vie entre eux ?

Mais comment s'opèrent ces métamorphoses, ces translations ?

Personne ne le sait, mais il importe peu, car, nous voyons tous les jours des choses aussi merveilleuses.

Ce qui paraît bien démontré, certain, c'est que rien ne meurt véritablement.

Il n'y a que des changements de formes.

Les atômes dispersés d'un corps qui se désagrège, sont les matériaux qui, à l'état gazeux, liquide ou solide, constitueront de nouvelles agrégations.

Pris isolément dans leur plus simple mode, les éléments qui composent cette main tenant une plume, ont déjà fait partie d'organisations antérieures et prendront place plus tard, après des phases diverses, dans la compositions d'autres corps animés.

Tel qui ne s'en doute guère, possède une parcelle de César, de Confucius ou de Christophe Colomb.

La vie ne discontinue point.

Maintenant, soit que nous ayons un principe spirituel immortel ; soit que toute matière, suivant Leibnitz, soit composée de monades ou unités indestructibles, *toutes conscientes* à des degrés différents et que notre monade dominante conserve le souvenir dans l'agrégation future dont elle fera partie ; soit encore qu'un fluide insaisissable, — élément peut-être produit ou développé par l'exercice de la pensée — échappant à toute analyse, plus léger que l'éther, surgisse de notre corps en dissolution et soit attiré par une planète supérieure ou sous l'influence de lois inconnues, il reprenne vie, forme et souvenir, que cela n'aurait rien de plus surprenant que les mystérieuses transformations de matière qui nous émerveillent quotidiennement.

Mais que cela se passe ainsi ou autrement, mon intelligence ne peut s'éteindre avant de savoir ; cela me suffit.

Evoluer de monde en monde et à chaque transmutation, acquérir des facultés plus développées, une compréhension plus puissante ; me sentir grandir intellectuellement d'autant plus que je deviendrai meilleur ; conserver l'éternel remords des attentats à l'harmonie universelle, des vilenies que je commets sciemment ; découvrir à chaque étape nouvelle un des secrets de l'immense mystère ; m'approcher de plus en plus des causes premières, des raisons d'être, des solutions finales, des vérités absolues, de tout cet ensemble de lumière qu'on appelle Dieu : voilà ma destinée !

Je ne puis actuellement ni connaître, ni comprendre Dieu.

Il est des animalcules microscopiques qui dans mon corps ou à sa surface, écoulent leur existence dans l'espace de quelques millimètres carrés. Ils ne peuvent ni me connaître, ni me comprendre ; ils ignorent que je suis un être organisé, pensant. Cependant, nous ne pouvons être plus voisins.

Moins je comprends Dieu, plus mon immortalité s'affirme.

IV

Si nous ne nous trompons pas du tout au tout, une génération qui recevrait ces enseignements continués au-delà de l'école, serait dotée d'un impérissable sentiment religieux.

Tous ne croiraient pas, sans doute, mais tous seraient convaincus qu'il existe de terribles questions ; tous seraient contraints d'y penser quelquefois ; nul ne pourrait se soustraire à l'étreinte salutaire de l'inconnu : et c'est là l'important.

A aucun âge de son existence, l'homme ne pourrait dire qu'on a voulu le tromper. La raison humaine n'aurait plus de sacrifices à faire pour croire et le scepticisme radical perdrait certainement beaucoup de prétextes.

Assurément, le sentiment religieux en ce qu'il a de plus intérieur, de plus abstrait, est antérieur à la science ; celle-ci ne le fonde pas, mais elle peut en favoriser l'éclosion, le développer et raviver la foi éteinte en l'épurant, en le dépouillant de tout ce qui offusque la raison de l'homme actuel.

Gardons-nous à notre époque d'étouffer l'infini dans d'étroites définitions. Donnons-lui les bases les plus larges que l'imagination puisse rêver, afin que toutes les aspirations, toutes les divergences puissent s'y mouvoir ; afin qu'il devienne un jour le refuge de tous les incrédules de toutes les communions.

Rendons la foi possible. Offrons-lui un aliment digestible et robuste. Constituons-la de telle sorte qu'elle devienne indépendante des variabilités du savoir humain.

Qu'importerait désormais le matérialisme scientifique ?

On pourrait établir que l'homme est une brute modifiée par des centaines de siècles ; qu'il a été autrefois un singe, que cela ne changerait rien aux formidables problèmes, dont l'existence nous écrase de son évidence et affirme la légitimité de nos aspirations.

Parce qu'elle serait simplement le produit du cerveau, la pensée cesserait-elle d'exister ?

Cesserait-elle d'être une chose essentiellement immatérielle ?

Verrait-on des chimistes chercher combien le « qu'il mourût » de Corneille, par exemple, contient d'oxigène et de carbone ?

Les facultés intellectuelles, la volonté, le discernement du bien et du mal qui entraînent la responsabilité morale, seraient-elles supprimées ?

Aussi, nous avouons n'avoir jamais compris ce qu'on entend en disant : tout est matière.

Il nous a toujours semblé que cette affirmation contenait une inconséquence, une contradiction, puisqu'en la formulant, on émet une pensée : c'est-à-dire le contraire de la matière.

Ainsi, l'intelligence, la pensée existent dans l'univers et, quand on voit, dans une même espèce, le prodigieux écart qu'il y a entre l'entendement d'un Platon, d'un Pascal, et celui d'un homme ordinaire ; quand on songe qu'il peut, qu'il doit exister dans les mondes, des organes intellectuels mille fois, un million de fois supérieurs à celui de l'homme ; que dis-je, quand on pense que l'intelligence est sans limite, infinie comme l'espace ! comment ne pas être spiritualiste ?

Nous pouvons juger de la puissance de l'intelligence par l'empire que l'homme a pris sur la matière. Il est grand, mais borné, parce que l'intelligence humaine est elle-même bornée. Mais si elle est illimitée dans l'univers, quelle ne peut être sa puissance ! qui osera affirmer qu'elle est étrangère à l'arrangement général de la matière ?

Au reste, il règne sur ces questions de grands malentendus, et chez beaucoup, le matérialisme n'est qu'une protestation, une révolte contre des pratiques superstitieuses qui blessent le bon sens et contre des définitions psychologiques dans lesquelles, l'esprit religieux moderne ne veut plus se laisser enfermer.

Nous avons, quant à nous, le plus profond respect pour une croyance qui, en affirmant l'immortalité et la responsabilité, a rendu d'inappréciables services, mais nous croyons que ces affirmations peuvent et doivent se fonder sur d'autres bases à l'avenir.

L'impossibilité de répondre aux questions dont nous sommes fatalement saisis par notre organisation; l'immatérialité incontestable de la pensée, sa puissance; la certitude morale de l'existence d'une progression infinie dans l'intelligence contenue dans l'univers : voilà le terrain sur lequel le sentiment religieux peut trouver de solides assises en attendant que nous connaissions mieux le mode d'être de la matière et de l'esprit et que nous puissions préciser où finit l'une et où l'autre commence.

L'heure est venue où il faut donner le moins de place possible au contestable.

En tous cas, reconnaître à l'homme un principe spirituel, immortel, dont le cerveau n'est que l'organe, et le refuser aux autres organismes intellectuels inférieurs qui nous entourent, est une doctrine qui présentée autrement que comme une hypothèse, peut effaroucher la foi possible à notre époque.

Sans elle, l'homme peut être immortel et responsable. Ce qui est certain, c'est que le discernement se perfectionne par l'éducation, aussi, le droit de punir a pour corrélatif le devoir d'éclairer la conscience. Mais, d'autre part, l'expérience des siècles prouve qu'en punissant les crimes on en réduit le nombre. La grande majorité s'abstient ; or, s'abstenir, c'est choisir, c'est se déclarer libre. Et combien ! parmi ceux qui faillissent, ont calculé les avantages de la faute et ses chances d'impunité! Donc, on pourra toujours professer que l'homme est libre et responsable, sauf à adoucir dans la répression (et c'est ce qui se fait aujourd'hui), ce que le principe a d'excessif, d'absolu.

V.

Ce mode d'éducation, impérieusement réclamé par les nécessités de la société moderne, une fois admis, élargit considérablement les devoirs et l'influence de l'instituteur. Aussi faudra-t-il, par la position qui lui sera faite, que sa fonction devienne la plus honorable, la plus enviée.

Il ne lui suffit plus d'être instruit ; il faut encore, il faut surtout qu'il porte haut dans le cœur, l'amour de l'humanité.

Celui qui aime le plus les autres, s'en fera toujours le mieux comprendre.

C'est lui désormais, qui sans se lasser jamais, applique à chaque action des enfants, le critérium infaillible des deux vieilles maximes qui renferment toute la morale:

Ne fais pas à autrui, etc, etc. ;

Fais à autrui, etc., etc.

C'est lui qui au nom de l'hygiène, au nom de ce qu'on doit: à soi, aux autres et au respect de l'harmonie universelle, leur enseigne cette discipline du corps et de l'esprit sans laquelle il n'est point d'homme heureux, point de société prospère.

Il leur démontre la laideur, la sottise du vice, du mal et par sa paternelle affection devient naturellement leur conseiller, leur confident même lorsqu'ils ont quitté l'école.

Il devient le pasteur nouveau et s'il ne suffit pas à sa tâche, on lui adjoindra un suppléant qui lui laissera la direction spirituelle.

Ce n'est pas tout : l'homme a besoin d'être fréquemment entretenu de ses devoirs. Notre instituteur fonde une société chorale, et, aidé des gens instruits de la localité, attire chaque dimanche la population de la commune dans le local le plus convenable en attendant le jour où l'Eglise sera librement abandonnée. Là, pendant quelques heures, il la retient par des entretiens instructifs, variés agréablement, entre-coupés de chants sacrés empreints d'un large idéalisme. Çà et là, entre une expérience de physique et quelques considérations astronomiques sur lesquelles on reviendra souvent, il interpose le rappel au devoir. Mais il sait que la morale nue et sèche, ne plaît pas à l'homme ; aussi, c'est dans un récit amusant, dans une anecdote intéressante qu'il la dissimule, qu'il l'enguirlande. (1)

---

1. Avec le concours de l'Etat et des hommes dévoués au bien, des cours de toute nature pourraient s'ouvrir partout, dans l'hiver, comme cela se fait à Paris. Indiquons en attendant une petite amélioration qui peut se réaliser tout de suite et rendre quelques services.

Puisque, là où l'idéal est absent, les intérêts matériels envahissent tout le cœur de l'homme et le conduisent si facilement à méconnaître le droit et la justice, pourquoi n'occuperait-on pas les loisirs de la garnison en obligeant le jeune

On pourra, si l'on veut ménager les transitions, lui donner un costume. On pourra conserver dans ces assemblées le signe représentatif, le symbole, et continuer de spiritualiser par un cérémonial religieux, la naissance, le mariage, la mort, tant que nous ne serons pas arrivés à ce degré de perfection où le culte intérieur suffit.

---

soldat à suivre un petit cours d'économie politique ?

On dissiperait ainsi peu à peu, les funestes préjugés si répandus dans le peuple, concernant le capital, son intérêt, son hérédité, etc. etc.

Quand tout homme, rentrant dans ses foyers serait convaincu qu'aucune de ces choses ne se peut supprimer, qu'elles ont leurs racines dans la nature même de l'organisation humaine ; que si on pouvait les faire disparaître, ce serait au détriment de tout le monde, au détriment surtout de ceux qui paraissent en souffrir ;

Quand il comprendrait que s'il existe encore des misères ce n'est pas parce que, c'est *quoiqu'*il y ait des capitaux qui, sauf exceptions qui deviendront de plus en plus rares, sont toujours le fruit de l'épargne ou de l'intelligence ;

Quand il serait persuadé que l'intérêt de l'argent est aussi légitime que le prix de location d'une charette à bras et que la suppression de l'hérédité ruinerait le pays sans profit pour personne ; alors il ne serait plus aussi facile aux imaginations maladives, aux ambitieux, aux intrigants de l'entraîner dans des aventures plus stupides encore que criminelles. Mieux vaut prévenir que réprimer.

Ajoutons que la vulgarisation des lois économiques, est le seul moyen de calmer les inquiétudes plus ou moins fondées que le suffrage universel éveille.

Plus qu'un mot.

Laissons les convictions acquises, suivre paisiblement leurs cours.

Il n'est pas question de renverser le catholicisme ; il s'agit simplement d'édifier à côté de lui. Toutes les tentatives qu'on pourrait faire pour lui restituer son prestige passé seront fatalement frappées d'impuissance.

Le scepticisme qui nous ronge, n'est pas un caprice de l'opinion, une mode passagère ; il est une conséquence, un résultat.

Il ne faut pas appliquer de cataplasme où il faut refaire une constitution.

L'ébauche que nous offrons dans ces quelques pages, peut ne rien valoir, mais elle indique du moins l'ordre d'idées où les hommes de bonne volonté doivent faire converger leurs efforts.

Seulement, hâtons-nous ! car le mal est grand ; il

s'aggrave chaque jour et sa disparition est en dehors et au-dessus des espérances qu'on peut placer en telle ou telle forme de gouvernement.

Hâtons-nous ! car répétons-le, les troubles politiques et sociaux qui agitent si profondément la société, sont loins d'être étrangers à l'extinction du sentiment religieux.

FIN.

Mayenne, Impr. A. DERENNE. — Paris, rue Saint-Sévérin, 25.